D1729254

Richard Pestemer

Seelenblicke

Haiku-Momente

Bibliografische Information der Deutschen Nationalbibliothek:
Die Deutsche Nationalbibliothek verzeichnet diese Publika-
tion in der Deutschen Nationalbibliografie; detaillierte biblio-
grafische Daten sind im Internet über http://dnb.d-nb.de ab-
rufbar.

1. Auflage

© Juli 2020 Kid Verlag
Kid Verlag, Samansstraße 4, 53227 Bonn
Satz: Vinaet

ISBN 978-3-947759-50-7

Hommage an den Haiku-Dichter
Kobayashi Issa (小林一茶 : 1763–1827)

Leben durchschritten –
Eins mit allen Wesen
Und Jahreszeiten

12. Mai 2020
Richard Pestemer
Neunkirchen, Hunsrück

BILDNACHWEIS

Titelseite: der Autor im Weinberg, © Maximilian Pestemer

Foto 1: Vogelflug, S. 2, © Maximilian Pestemer

Foto 2: Schneeglöckchen, S. 10, © Maximilian Pestemer

Foto 3: Vulkan „Sakurajima", S. 30, © Maximilian Pestemer

Foto 4: Chaos sucht Balance, S. 48, © Richard Pestemer
(Aquarell), © Maximilian Pestemer (Foto)

Foto 5: Pusteblume, S. 62, © Maximilian Pestemer

Foto 6: Herbstblätter, S. 76, © Maximilian Pestemer

Foto 7: Kalligraphie, S. 98, © XO Gerd Edinger (Kalligraphie),
© Maximilian Pestemer (Foto)

Foto 8: Jagdhündin „Clara", S. 110, © Anne Koch

Foto 9: der jüdische Friedhof in Stipshausen, S. 132,
© Maximilian Pestemer

Rückseite: der Autor beim Holzhacken; *Entschiedenheit und Haiku-Wärme,* © Maximilian Pestemer

HINWEISE FÜR DEN LESER

① In den Jahren von 2018 bis 2020 verfasste der Autor Gedichte im Haiku- und *senryū*-Stil, die erstmalig der Öffentlichkeit präsentiert werden. Kapitel 1 bildet den Auftakt zu thematisch zugeordneten deutschsprachigen Haiku- und *senryū*-Gedichten, die in Kapital 2 wie folgt aufgegliedert werden: Natur (s. 2.1), Alltag (s. 2.2), Kosmos (s. 2.3), Traumland (s. 2.4), Wein und Schnaps (s. 2.5), Allerlei und Ausgefallenes (s. 2.6) und Metakommunikation (s. 2.7). Kapitel 3 reflektiert in Nachbetrachtung den Haiku-Moment. Kapitel 4 beinhaltet zudem eine kurze Entstehungsgeschichte des ursprünglich japanischen Haiku (俳 句) und des *senryū* (川柳). Glossar, Literaturverzeichnis und Index ermöglichen darüber hinaus dem Leser einen hilfreichen Zugang zum vorliegenden Werk.

② Die japanischen Namen werden in der Reihenfolge von Familien- und Vornamen geschrieben, wie z. B. Matsuo Bashō (松尾芭蕉 , s. S. 4).

③ Japanische Begriffe einschließlich solcher, die im Duden aufgenommen worden sind, sowie japanische Namen werden weitestgehend in Klammern mit japanischen Schriftzeichen angegeben, wie z. B. Haiku (俳句). Die japanischen Begriffe, die nicht im Duden aufgenommen worden sind, werden klein und kursiv geschrieben (z. B. *senryū* [川柳], s. S. 151); was Artikel betrifft, wird das Neutrum verwendet (z. B. <u>das</u> *senryū* [川柳], s. S. 151); der Sin-

gular und der Plural werden ohne das Pluralbildungsmor-
phem (kleinste bedeutungstragende lexikalische Einheit,
die Pluralität eines Nomens kennzeichnet) /s/ verwendet
(z. B. über 7.000 *kigo* [季語], s. S. 160).

④ Zur Orientierung für den Leser werden die Titel der
japanischsprachigen Werke mit wortwörtlichen deutschen
Übersetzungen versehen; diese sind <u>keine</u> offiziellen Titel
der ins Deutsche übertragenen Werke.

⑤ Die deutschen Fachbegriffe „Vers" und „Strophe"
werden im vorliegenden Werk bezogen auf verschiedene
japanische lyrische Gattungen im folgenden Sinne ver-
wendet: Der „Vers" ist die kleinste Einheit eines Gedichtes,
die ein Bauelement eines Gedichtes darstellt; eine „Strophe"
ist eine Einheit, die aus mehr als zwei Bauelementen,
sprich Versen, besteht, und eine umfassende Bedeutung
beinhaltet. Bei einem Haiku (俳句) mit der 5-7-5-morigen
Anreihung erfolgt dies in drei Versen: einem 5-morigen,
einem 7-morigen und einem 5-morigen Vers; diese bilden
insgesamt eine Strophe.

⑥ Der Lunisolarkalender, welcher in Japan bis 1872 galt,
hatte 354 Tage mit 13 Monaten im Jahr, wohingegen der
gregorianische 365 Tage mit 12 Monaten umfasst. Wegen
der unterschiedlichen Umrechnungsmethoden gibt es
manchmal bei den Fachlexika sowie in der Fachliteratur
eine Differenz um ein Jahr, wie z. B. bei Kobayashi Issa
(小林一茶 : 1763–1827 bzw. 1828), Yosa Buson (与謝蕪
村 : 1716–1783 bzw. 1784) und Matsunaga Teitoku (松永

貞　徳 : 1571–1653 bzw. 1654). Die Lebensdaten der in diesem Werk behandelten japanischen Autoren basieren auf dem *Nihongo Daijiten* (日本語大辞典) von Umesao et al. (1989).

⑦ Die Ortsnamen Tokyo (Tokio im Duden) und Kyoto (Kioto im Duden) weichen von der Duden-Rechtschreibung ab. Für drei Begriffe wurden die vom Duden anerkannten Alternativen, und nicht die empfohlenen Schreibweisen, verwendet: Frisör (statt Friseur), Kalligraphie (statt Kalligrafie) und Orthographie (statt Orthografie). Klein- und Großschreibung im Gedichtsteil (S. 7–147) weichen aufgrund künstlerischer Freiheit teilweise von der Duden-Rechtschreibung ab.

⑧ Abkürzungen: s. (siehe); wtl. (wörtlich).

⑨ Annotationen wurden sowohl vom Autor selbst als auch von Noriko Katsuki-Pestemer vorgenommen. Anhang und Glossar wurden von Noriko Katsuki-Pestemer erstellt.

⑩ Der Autor bedankt sich bei Benedikt Grosser für sein einfühlsames und äußerst präzises Korrekturlesen, welches einen unschätzbaren Beitrag zum Verständnis des Haiku beigetragen hat.

INHALTSVERZEICHNIS

1.

FASZINATION
DES
HAIKU-MOMENTS

Foto 1: Vogelflug

„Hörst du das? Hörst du das denn nicht da draußen,
das sind die Wildgänse!"
„Ja, klar doch."
„Das dürfen wir uns nicht entgehen lassen!"

Hoch oben am Abendhimmel sahen wir gebannt schwebende Schatten in herbstlicher Stille, die Wildgänse in Keilformation, eingehüllt im melancholischen Klagelied. Erschüttert von diesem Haiku-Moment, da tauchte es vor mir auf, das Haiku von Kobayashi Issa (小林一茶 : [1] 1763–1827; s. Glossar):

鳴な雁どつこも同じうき世ぞや

Naku na kari dotsuko[2] *mo onaji ukiyo zo ya*

---

[1] Das hier zitierte Haiku (俳句) „Zum Flug der Wildgänse" stammt aus dem Issa-Tagebuch *Shichiban Nikki* (七番日記) und wurde 1813 von Issa (一茶) verfasst (Nakada 2016: 149). Dieses Tagebuch umfasst Issas Gedichte, die er zwischen 1810 und 1818 während seiner Reisen verfasst hatte (Nakada 2016: 43).

[2] Eine orthographische Reform des Japanischen erfolgte 1946, welche 1947 in Kraft gesetzt wurde. Vor dieser Zeit wurde der glottale Plosiv [ʔ] mit einem großen *kana*-Schriftzeichen von *tsu* (つ / ツ) wiedergegeben, wie z. B. *dotsuko* (どっこ : gelesen als [doʔko]). Das Phonem /ʔ/ wird jedoch seit 1947 mit einem kleinen *kana*-Schriftzeichen von *tsu* (っ / ッ) geschrieben, d. h. どっこ [doʔko]. Das Phonem ist die

Klagt nicht Wildgänse Überall ist's die gleiche vergängliche Welt[3]

Der „Haiku-Moment", dies ist ein eigentümlich flüchtiger Moment, in dem einen das Gefühl großer Einsicht und Erleuchtung überkommt, während man sich gleichzeitig der Kurzlebigkeit der materiellen Welt bewusst ist.

Ja, grenzenlos überfliegen die Wildgänse die eine vergängliche Welt, gleichgültig, ob in Japan, ob in Deutschland oder wo auch immer. Kobayashi Issa (小 林一茶 : 1763–1827) – neben Matsuo Bashō (松尾芭 蕉 : 1644–1694), Yosa Buson (与謝蕪村 : 1716–1783) sowie Masaoka Shiki (正岡子規 : 1867–1902) –, einer der bedeutendsten Haiku-Dichter Japans, hat mit spontan allumfassender Einsicht den „Haiku-Moment" blitzartig aufleuchten lassen, überall.

Das 17-morige[4] Haiku, eine traditionelle japanische

---

kleinste phonologische Einheit der Laute. Beispielsweise hat der Name des japanischen Haiku-Dichters Issa (一茶 [iʔsɑ]) vier Phoneme: /i, ʔ, s, ɑ/.

[3] Die obige deutschsprachige Übersetzung des Haiku (俳句) von Issa (一 茶) wurde dem Werk *Issa Kobayashi HAIKU* (Sakanishi 1981: 80) entnommen.

[4] Phonologisch betrachtet kann der Begriff „Silbe" für deutschsprachige Haiku (俳 句) verwendet werden, jedoch

4

Kurzgedichtform, erfährt heute weltweit eine hohe Wertschätzung. Die Wahrheit in solch einer minimalistischen Kompaktheit „als Haiku-Moment" aufblitzen zu lassen, darin lag und liegt eine ungeheure Faszination, die mich nicht mehr loslässt, seitdem ich deutschsprachige Haiku schreibe.

Alle den Haiku-Momenten geschuldeten Seelenblicke sind konzentriert im vorliegenden Gedichtband.

---

nicht für japanischsprachige Haiku (俳 句). Japanische Schriftzeichen *kana* (仮 名 / か な / カ ナ) stellen Phonogramme dar und jedes *kana*-Phonogramm wird phonetisch ungefähr gleich lang ausgesprochen, welches phonologisch als Mora bzw. More (モーラ *mōra*; s. Glossar) bezeichnet wird. Ein japanischsprachiges Haiku (俳 句) besteht daher aus siebzehn Moren, und nicht immer aus siebzehn Silben, da der glottale Plosiv /ʔ/ und Nasale /N, ŋ/ im Japanischen jeweils ein Mora darstellen. Hingegen können diese allein keine Silbe bilden. Das kommt daher, dass die linguistischen Definitionen der Begriffe *Silbe* und *Mora* nicht gleich sind.

5

2.

HAIKU (俳句) UND *SENRYŪ* (川柳)

2.1

NATUR

Foto 2: Schneeglöckchen

Am frühen Morgen

Auf grüner frischer Wiese:

Die Schneeglöckchenpracht

Bis hin zum Boden

Neigt sich der Bambus

Will küssen die Erde

all das zarte grün

umschmiegt meine seele:

als wär ich allein

Kirschblüten blühen

Bienen saugen Nektar:

Es erbebt mein Herz

All die Kirschblüten

Sind längst herabgefallen

Auf Mutter Erde

Harmonie des Waldes:

So grün, so dicht der Wald

Wo Jagd sich erkennt

Blumen sind Seele

Die alle unsere Träume

Tief in uns deuten

Gen Himmel strebend

ragen die Äste des Baums:

Bleiben erdverbunden

Ein leichter Windhauch

Verwirbelte sich im Nu

Zu einem Taifun

Schrottauto unterm Baum

Weiß-Lila-Blüten-Bedeckt –

Nichts ist unmöglich

Den Wald erfahren

in seiner verkrüppelten

lebendigen Vielfalt

Reif die Kartoffeln –

Die Erde so weich, so warm:

Allseits Hahngeschrei

馬鈴薯の育つ大地に鶏の声[5]

Bareisho no
sodatsu daichi ni
tori no koe[6]

---

[5] Japanische Übersetzung: Katsuki Osamu (香月修).

[6] Transliteration (Übertragung von einem Schriftsystem in ein anderes Schriftsystem) der japanischen Fassung.

Schlürfe heißen Tee:

Draußen alles starr und blau:

Weiß, Himmelsspuren

Betonbehütet

Bunt die Blumenwiese:

Metamorphosen

Kein Schnee und kein Eis;

Winter grau-grün ermattet –

Verwirrte Herzen

So warm die Winter

So kalt die globale Gier:

Jahr ohne Zeiten

Hanfblütenernte –

Fleißige Hände packen an:

Zukunft im Hunsrück

Das Fröschlein durchbohrt

Mit einem kalten Metall –

Die Sonne, sie weint

Da, ein alter Baum

Blätter, bunt, verlassen ihn:

Skelett in Sonne

Foto 3: Vulkan „Sakurajima"

Sakurajima[7] –

Heiße Glut im tiefen Bauch

Der Atem aschig

---

[7] Sakurajima (桜 島): Aktiver Vulkan in Kagoshima, Süd-japan.

Halb verdeckt der Mond

Tanzt schwankend

über dem Schiff:

Diesel-Gischt-Konzert

Fetzig der Nebel

Über den bunten Blättern:

Ein Jagdhorn ertönt

Im dichten Nebel

Rascheln vertrocknete Blätter

Der Tag hellt sich auf

So kalt der Morgen

Das Krähen verstummte –

Leer die Herzen[8]

---

[8] In memoriam an den immer eifrig krähenden Hahn namens „Mick Jagger".

Zwischen den Zeiten

Hurtig zwitschern Vögel

Zur Jahreswende

Winterlicher Wald

Schneebeladen mit Hoffnung:

Frühjahrsschwanger

Die Äste wiegen

sich im stürmischen Wind

himmel- und erdwärts

Dem Ende zu neigt

sich der sonnige Tag

begleitet von Wehmut

Die Jahreszeiten

Sie purzeln durcheinander:

Entschleunigen

Sonne und Regen

Alle Farben in Vielfalt:

Die Arche Noah

Im dunklen Walde

erblüht die Liebe beschattend

die Melancholie

Über den Bäumen

Vom langen Sommer

Nahm Abschied der Mond

Rein die Kirschblüten –

Im Moment zur Ewigkeit

Bläst kaum ein Windhauch

Am weiten Horizont –

Die Bäume, sie sind erstarrt

Ruhelose Wolken

地平線凍てつく樹々と流れ雲[9]

Chiheisen
itetsuku kigi to
Nagaregumo[10]

---

[9] Japanische Übersetzung: Yamaki Kazuhiko (八巻和彦).
[10] Transliteration der japanischen Fassung.

Heiß der Kaminrauch

Entschwindet trüb im Nebel:

Kein Vogel zwitschert

2.2

ALLTAG

Foto 4: Chaos sucht Balance

Das Handy klingelt

Hier ist sie: Die eine Welt

Chaos sucht Balance

Nur ein paar Schritte –

Meditiert: Aha, so ist es!

Kann nicht anders sein

Tagein + Tagaus

In unserer Mitte stets

Das Leben leben

Es gibt Tage

Wo sich alles klärt:

Weil es so kalt ist

Schrill singt der Bohrer

Zerklüftet alte Zähne:

Schall jenseits vom Schall

Den Stall ausmisten

Zur rechten Jahreszeit –

Als Frosch bereit sein

Das Glück wächst uns zu

Als ein vierblättriges Kleeblatt:

Behüte es zart

Mein Frisör erzählt:

Mit Kirschspray hat Trump

blondiert die Mähne

Vom Winde verweht

Die Impotenz der Allmacht

Durchschaut vom Frisör

Im Alltag stetig

Die Bilder von der Sehnsucht –

Traumland: nah so fern

Unter dem Nebel

Eingehüllt das kleine Dorf –

Zwängt sich schmal ein Bach

2.3

KOSMOS

Foto 5: Pusteblume

Die Pusteblume

Von der Sonne durchflutet -

Samen im Kosmos

Sonne, Mond, Sterne

Schwebende im Traumland:

Ringsum der Kosmos

Jahr ohne Zeiten:

Mond und Sonne ungerührt –

Das Dunkle und Helle

Zwischen den Welten

Zerrissen Hoffnung und Träume:

Banges Hoffen bleibt

Im liebenden Kampf

Das Umgreifende erahnen:

Göttlicher Atem

Der Sonne so nah

Die Grenzen überschreiten:

Liebe überall

Göttlicher Urschrei

Kündigt neues Leben an:

Der Kosmos bebt

Das Karma pulsiert

atemlos im Rhythmus des

Herzschlages

Seit Ewigkeiten

Geheimnisse birgt der Wald:

Umhüllt das Klare

Der nächtliche Mond

Spiegelt sich in der Pfütze:

Die Pfütze im Mond

Ohne Jahreszeit –

Künstliche Intelligenz:

Urknall verhallt

Rings um die Welt

Flackern die Jahreszeiten:

Leuchtender Kranz

2.4

TRAUMLAND

Foto 6: Herbstblätter

Sphärenmelodie

Aus dem so fernen Traumland:

Bunte Herbstblätter

Auf dem hohen Seil

Den Abgrund überschreiten:

Das Traumland im Blick

Regen durchflutet

Mich im entrückten Traume

Inmitten der Welt

Ja, unaussprechlich

In uns alles Gefühlte

Verschmolzen zum Traum

Das Herz, das schluchzend

gestreichelt wird vom Blues

Zur Liebe vertont

Nächtliches Konzert

Erfreut lauschende Herzen:
Ach, dieser Moment

Hölle = Paradies

Geschieden durch Erkenntnis

In Jahreszeiten

Hin zum Traumlande

Schwebend in Melancholie:

Herbstbunte Blätter

Vergeblich der Traum

Den sie träumten im Traumland:

Erwacht im Traume

ein hauch vom traumland

unerreichbar fern und nah:

gestrüpp im garten

Die wilde Erdbeere –

Mundet himmlisch, die Süße:

Dem Traumland so nah

Vereist die Seele

So fern, so nah dem Traumland –

Die Frühlingssonne

Alter Baum neigt sich

Vom Himmel zur Erde hin:

Zurück zum Traumland

Die Symbiose

In liebender Anarchie:

Traumland-Melodie

Sonniger Morgen

Heiße Traumnacht verweht

Nur Erinnerung bleibt

Fern in uns so nah –

Süß, ach, so süß der Traum

vom Traum:

Wach all die Sinne

Die Sinne hindurch

Jahr um Jahr entblättert sich

Der versunkene Grund

Ein Hauch vom Traumland

Unerreichbar nah und fern:

Gestrüpp im Garten

Jenseits von Eden:

Nicht *ein* Apfelbaum

Trübt Erkenntnisse

Auf engstem Raume

Der Kosmos aller Träume

Befreit im Haiku

2.5

WEIN UND SCHNAPS

Foto 7: Kalligraphie

Reben der Natur[11]

Himmel voller Geigen

Beschwingt Balance

---

[11] Dieses Haiku (俳句) entstand anlässlich der Vernissage einer Kunst- und Haiku-Präsentation unter dem Motto „Beschwingte Heiterkeit WEIN – HAIKU – KALLIGRAPHIE", veranstaltet am 14.04.2019 im Weingut Dr. Frey in Kanzem an der Saar. Die Kalligraphien stammten von XO Gerd Edinger (Maler und Skulpteur), die Haiku (俳句) von Richard Pestemer.

Die Restsüße, ja –

Anwachsende alte Liebe:

Steil hinauf zum Ziel

Grenzenlos der Wein

Der unsere Sinne belebt –

Jenseits der Zeiten

Bunt die Weinberge:

So mild der sanfte Windhauch

Verspüre ich Kühle

Fern, so nah der Wein

Der inmitten der einen Welt

Unsre Sinne eint

Sauser[12] rötet Sinn

Weitet ringsum die Weinhügel:

Fruchtige Süße

---

[12] „Sauser" ist die Bezeichnung im Weingebiet Ahr für jungen unvergorenen Wein, vergleichbar mit „Federweißer" an der Mosel oder „Heuriger" in Wien.

herausgebrochen welt

aus den alten bahnen:

zeit für neuen wein

Schnabel in Schnaps

Intensiv eingetaucht:

Es tanzt der Himmel

Im Himmelsrhythmus[13]

Den Mondphasen stets gemäß:

Göttliche Weine

---

[13] Loblied auf Demeter-Weine.

Frisch ist der Secco

Prickelnder Riesling pur:

Mosel-Champagner

2.6

ALLERLEI
UND
AUSGEFALLENES

Foto 8: Jagdhündin „Clara"

Träumen Hunde?

Clara,[14] die träumt wohl intensiv

Glückliche Jagden

---

[14] Name einer Jagdhündin.

Bunt der Narrenzug

Strömt rauschend an uns vorbei –

Eiszapfen überall

Wild, bunt und heftig

Wachsen mit + durcheinander

Abend + Morgenland

Ja, wir sind Jäger

Und zugleich Gejagte

Im ew'gen Kreislauf

Es ist der Kreis

Der sich in sich abrundet

Endlos Harmonie

In allen Farben[15]

Verströmt sich der Klangteppich

Ekstatisch-Endlos

---

15 Nach 47 Jahren habe ich wieder Carlos Santana gehört.

Technik-Perfektion:

Suzuki – Motorbike –

Klimawandel

Ergraut in Jahren

Wechselnder Gezeiten –

Zartes Grün wächst nach

Schön die Fassade

Die verputzt mit Sicherheit

Uns Wahrheit verhüllt

Dick sind die Beine

Es plagt Alzheimer einen –

Ist's Vergänglichkeit?

in beton verhüllt [16]

hiroshima mon amour:

ein hauch von frieden

---

[16] Teilnahme am Ostermarsch 2019 vor dem US-Atomwaffenlager in Büchel bei Cochem zusammen mit einigen Hundert friedensbewegten Menschen.

Elegant der Tod –

Gelangweilte Perfektion:

Der Preis entscheidet

Es ist das TAO

Das wir nicht begreifen, dann

Wenn es uns ergreift

Ach ja, die Rose

Sie sticht, wenn sie bricht –

leidend –

Ach ja, die Liebe

Schwarz meine Seele:

Alles Leiden dieser Welt

Hoffnungsvoll im Blues

WORTE VER-WECHSELN

PING-PONG-SPIELEN IMMERZU

ÜBERS NETZ OHNE BALL

Trunkensein vor Glück:

All die kindlichen Bilder –

Kreide auf Asphalt

Die Henne, der Hahn

Nehmen beide ein Erdbad:

Kosmische Wärme

Winzig der Virus

Versetzt die Welt in Panik:

Small is beautiful

2.7

METAKOMMUNIKATION

Foto 9: der jüdische Friedhof in Stipshausen

Zeitlos ist sie:

Metakommunikation –

Oder Friedhof[17]

---

[17] Haiku niedergeschrieben nach dem Besuch des ehema-
ligen jüdischen Friedhofes in Stipshausen, Hunsrück.

3.

NACHBETRACHTUNGEN

ZUM

HAIKU-MOMENT

3.1 Das klassische Haiku

Das japanische Haiku[18] (俳句), gebildet aus 17 Moren[19] mit der < 5-7-5 >-Abfolge, gilt vermutlich als eine der kürzesten Gedichtformen in der Weltliteratur. In den europäischsprachigen Übersetzungen ist es in der Regel ein Dreizeiler mit der Silbenabfolge < 5-7-5 >.[20] Das klassische Haiku – anders als das moderne *gendai*-Haiku (現代俳句 : wtl. „zeitgenössisches Haiku"; s. Glossar)"[21] – hat durchgehend einen Bezug zur Natur. Dies wird durch das *kigo* (季語 ; wtl. „Jahreszeitenwort";[22] für ausführliche Erläuterungen s. Glossar) verdeutlicht. Es gibt lexikalische Sammlungen mit Auflistungen von mehreren Hundert *kigo* (季語) mit Hinweisen auf Frühjahr, Sommer, Herbst und Winter sowie dem Neujahr. Im Folgenden einige exemplarische Beispiele:

---

[18] Balmes (2016) gibt eine knappe Einführung in die Dichtkunst des klassischen Haiku sowie moderner fremdsprachiger Haiku, Okamoto (1990) eine japanischsprachige Einführung.

[19] Siehe Glossar.

[20] Bei den deutschsprachigen Haiku (俳句) werden in einem Dreizeiler mit der Silbenabfolge < 5-7-5 > 17 Silben verwendet.

[21] Wenzel (2005; 2007) ermöglicht einen ersten Einblick in das zeitgenössische japanische Haiku.

[22] Zur Bedeutung des Jahreszeitenworts siehe Schönbein (1994) und Buerschaper (2003).

Frühjahr: Kirschblüten
Sommer: zirpende Zikaden
Herbst: bunte Blätter
Winter: Schneebetrachtungen
Neujahr: die ersten Sperlinge, die das Neue Jahr
begrüßen

Zum Weiteren weisen Haiku (俳句) sogenannte *kireji* (切れ字 : wtl. „Schneidewort"; s. Glossar)[23] auf. Im zeitgenössischen Haiku (現代俳句 *gendai-haiku*) sind diese aber nicht zwingend notwendig. Im Folgenden einige Beispiele:

ya (や): hebt gefühlvoll das vorangegangene Wort bzw. Wörter hervor; unterteilt ein Gedicht/ Haiku in zwei Teile, wird daher inmitten eines Haiku verwendet.

kana (かな) : betont etwas emphatisch; erscheint zum Ende eines Haiku.

Kurzum: mit den *kireji* (切れ字 : wtl. „Schneidewort") wird – sehr vereinfacht ausgedrückt – der mittels des *kigo* (季語 : wtl. „Jahreszeitenwort") vermittelte konkrete Naturbezug eines Haiku mit einem „Schnitt" hin zu einer allgemeingültigen Aussage gewendet.

3.2 Das Frosch-Haiku

Das berühmte „Froschgedicht" des unbestrittenen Haiku-

---

[23] Eine grundlegende Erläuterung der Bedeutung des *kireji* (切れ字 : wtl. „Schneidewort") gibt Ueda (1976).

Großmeisters, Matsuo Bashō (松尾芭蕉 : 1644–1694; s. Glossar), verdeutlicht, was gemeint ist:

古池や蛙飛び込む水の音

Furuike ya kawazu tobikomu mizu no oto[24]

Der alte Weiher
Ein Frosch springt hinein
Oh! Das Geräusch des Wassers

Es gibt zahllose Übersetzungsversuche von diesem wohl berühmtesten Haiku. Nachfolgende Übersetzungsvariante des Verfassers, die sich nicht an das 5-7-5 Silbenschema hält, aber prägnant den Haiku-Moment festhält, klingt sehr überzeugend:

---

[24] Die Transliteration basiert auf der Orthographie des modernen Japanisch sowie dem Hepburn-Transkriptionssystem. Nach der Rechtschreibung des klassischen Japanisch sehen das Haiku in Hiragana und Transliteration wie folgt aus; die abweichenden orthographischen Stellen wurden unterstrichen:

ふるいけやか はづ とびこむみずのおと

Hu(=Fu)ruike ya kaha(=wa)dzu(=zu) tobikomu mizu no oto

Uralter Weiher

Ein Frosch springt hinein

Plopp

Bashō (芭蕉) skizziert mit *furuike* (古 池 alter Teich) eine schlichte, alltägliche Naturbegebenheit, gefolgt von dem *kireji* (切 れ 字 : wtl. „Schneidewort") *ya* (や), was als Ausdruck der Verwunderung das vorher Skizzierte hervorhebt. „Ach, sieh, ein alter Teich!" im Sinne von „Ist das nicht der alte Teich, wo immer schon Frösche hineingesprungen sind?" Und was geschieht nun, wenn ein Frosch hineinspringt? Etwas vollkommen Selbstverständliches, Natürliches, Spontanes: Das bis dahin stille, tiefe, unberührt scheinende Wasser des alten, in sich ruhenden Teiches wird plötzlich in Bewegung versetzt, weil ein Frosch hineinspringt, wodurch die Stille durch ein Geräusch des Wassers – mit einem PLOPP – durchbrochen wird. Doch unmittelbar danach wird dieser geräuschvolle Vorgang abgeschlossen, und wiederum ruht in sich der alte Teich. Nicht mehr und nicht weniger passiert da. Es wird in alle Richtungen hin das PLOPP hörbar bis in den fernsten Winkel des Kosmos wellenförmig wie das gekräuselte Wasser des alten Teiches und dessen Echo übermittelt. Selbst wenn wir nicht unmittelbar den alten Teich und den in ihn hineinspringenden Frosch zu sehen vermögen, nur ihn hören, vage erahnen, werden wir durch diesen Moment, den Haiku-Moment, gleich, wo wir uns auch immer aufhalten mögen, berührt erfasst.

Kongenial im Geiste des Zen-Buddhismus[25] erfühlen wir den Haiku-Moment, insbesondere bei der „nicht-regelkonformen" PLOPP-Übersetzung des berühmten Frosch-Haiku von Matsuo Bashō (松尾芭蕉 : 1644–1694), denn der Zen-Buddhismus, diese spezifische Ausprägung des Buddhismus, beansprucht, auf dem kürzesten, unmittelbaren Weg aus dem leidvollen Kreislauf der Wiedergeburten auszubrechen und dergestalt zur Erleuchtung zu gelangen, so wie es Buddha lehrte. Matsuo Bashō (松尾芭蕉), der klassische Großmeister des Haiku (俳句), hat als Zen-Mönch diesen Weg beschritten. Den Weg, sämtliche Tabus und Konventionen aus dem Weg zu räumen, bereit zu sein, ohne Umwege zur Erleuchtung zu gelangen. Ihm wird folgender Ausspruch zugeschrieben: „Lerne die Regeln und dann vergiss sie wieder (Mouritsen 2011: 4)."[26] Jenseits aller Regeln – das gilt letztendlich nicht nur für das Verfassen von Haiku – ist der Haiku-Moment indes die unerlässliche Quintessenz.

---

[25] Siehe für ausgewählte deutschsprachige Publikationen zum Einfluss von Zen auf die Haiku-Dichtung Hoover (1978), Jentzmik (1997) und Wolfart (1997).

[26] Leseprobe zu diesem Buch: https://slidex.tips/download/sushi-zen-lust-wissenschaft-wellness.

3.3 Die Legende vom Wandermönch und den hungrigen Tigern: der Haiku-Moment

Dies möchte ich anhand einer vorgeblichen Zen-Legende[27] illustrieren, die die Geschichte eines Wandermönches erzählt, der hungrige Tiger trifft:

Der Tiger jagt den Mönch einem Felsenvorsprung zu. Um dem Tiger zu entkommen, springt der Mönch auf diesen Felsenvorsprung. Im Fall gelingt es ihm, den Ast eines Baumes zu ergreifen, der unter dem Felsen wächst. Während der Mönch gefährlich hin- und herschwingt, erblickt er einen anderen hungrigen Tiger, der unterhalb des Felsens lauert und geduldig darauf wartet, dass der Mönch herunterfällt. Als den Mönch die Kraft verlässt, entdeckt er eine wilde Erdbeere, die in seiner Reichweite wächst. Er lässt den Ast los, pflückt blitzartig die wilde Erdbeere und steckt sich diese genüsslich in seinen Mund, wohl wissend, dass das das Letzte sein wird, was er in seinem Leben isst. Wie süß war der Geschmack der Erdbeere in jenem flüchtigen Moment.

Der Haiku-Moment: ein flüchtiger Augenblick, in dem einen das Gefühl großer Einsicht und Erleuchtung überkommt, während man sich gleichzeitig der Kurzlebigkeit der materiellen Welt bewusst ist.

---

[27] Leseprobe zu diesem Buch: https://slidex.tips/download/sushi-zen-lust-wissenschaft-wellness.

3.4 Globale Verbreitung der Haiku-Dichtung

Gleichwohl Japan von den USA im Zweiten Weltkrieg vernichtend besiegt wurde, „eroberten" nunmehr das Haiku sowie der Zen-Buddhismus friedlich die USA und darüber hinaus die ganze Welt. Das Haiku ist heute derart neben den japanischen Animes und Mangas zu einem integralen Bestandteil der Weltkultur geworden. Im Vorjahre wurde in Japan die zehnte Haiku-Weltkonferenz der World Haiku Association[28] durchgeführt. 503 Haiku von 174 Haiku-Poeten aus 51 Ländern wurden in 39 Sprachen – auch in deutscher Sprache[29] – dort präsentiert.

3.5 Haiku-Moment, Quantenphysik und der süße Geschmack der Erdbeere

Im Jahre 2011 hat Birgit Sonnek drei Referate des Quantenphysikers Hans-Peter Dürr in einer PDF-Dokumentation komprimiert zusammengefasst.[30] Ein längeres

---

[28] Anlässlich dieser Konferenz wurde ein Sammelband erstellt. Siehe Natsuishi (2019).

[29] Eine umfassende Darstellung des deutschsprachigen Haiku wurde 2011 als Magisterarbeit von Dögl (2011) vorgelegt.

[30] Siehe auch Sonnek (2011); die relevanten Artikel sind als PDF verfügbar, s. Literaturverzeichnis. Eine weitere Vertiefung in das Thema „Buddhismus und Quantenphysik" bietet Kohl (2015) an.

Zitat aus dieser Dokumentation lässt erstaunliche Bezüge zu der Legende des wandernden Mönches, der auf die hungrigen Tiger traf, erkennen:

„Wir Wissenschaftler meinten, wir können sagen, was ist und was nicht ist. Jetzt müssen wir einsehen, dass wir streng genommen in Gleichnissen reden müssen. Der entscheidende Punkt, an dem Materie verschwindet und nur die Form bleibt, liegt in der Struktur des Atoms. Wir haben die Atome erforscht, um die Welt in den Griff zu bekommen. Deshalb mussten wir die Materie zerschlagen, und dabei ihre Form zerstören. Doch bei der Zerkleinerung entstanden immer kleinere Teile mit neuen Formen. Wir zertrümmerten sie wieder und wieder in der Hoffnung, jegliche Form zu beseitigen. Beim Atom angekommen meinten wir endlich am Ziel zu sein. Wir hatten das *atomos* gefunden, das sich nicht mehr spalten lässt. Doch dann zeigte Lord Rutherford, dass auch das Atom noch eine Struktur besitzt. Wieder musste man zertrümmern und nachsehen, wie es im Inneren aussieht. Das Atom mit seinem schweren Kern und den ihn umkreisenden leichteren Elektronen gleicht einem Planetensystem, wird jedoch zusammengehalten durch elektrische Kräfte. Aber die mechanistische Erklärung in Analogie zu unserem gravitativ zusammengehaltenen Planetensystem misslang, denn das elektrische

Atomsystem ist nicht stabil. Es widerspricht sogar den Naturgesetzen, die wir bisher kannten. So bleibt uns nur eine Folgerung:

Im Grunde gibt es die Materie gar nicht, sondern nur eine Art Schwingung. Die Elektronen und der Atomkern sind eigentlich nur Schwingungsfiguren."

(Zitat von Dürr, zitiert in Sonnek [2011])

Und eben diese Schwingungsfiguren, also das, was unsere Welt im Innersten im Einklang mit dem Kosmos zusammenhält, dies verspüren wir im HAIKU-MOMENT. Zur Erinnerung: In der Zen-Legende vom wandernden Mönch und den hungrigen Tigern heißt es:

Wie süß war der Geschmack der Erdbeere, der flüchtige Augenblick, in dem einen das Gefühl großer Einsicht und Erleuchtung überkommt, während man sich der Kurzlebigkeit der materiellen Welt bewusst wird.

Eine Einsicht, mit der die verhüllte Wirklichkeit durchschaut wird. Eine Einsicht, die Haiku-Poeten gleich welcher Nationalität und kultureller Einbindung mit modernen Astrophysikern wie Hans-Peter Dürr gemeinsam auf je verschiedene Weise erleben.

3.6 Nachbemerkungen zu den Nachbemerkungen: das Unaussprechliche

Es gibt in vielen Sprachen unzählige Abhandlungen dazu, was ein Haiku ist, ja konkrete Anleitungen, was beim Erstellen eines Haiku alles beachtet werden muss; ein Für und Wider, bei dem es beispielsweise um den korrekten Gebrauch der Jahreszeitenworte (*kigo* 季語) und Schneideworte (*kireji* 切れ字) geht, und auch darum, inwieweit auf die überlieferten Regeln verzichtet werden kann (wie es beim modernen Haiku, dem *gendai*-Haiku [現代俳句 : wtl. „zeitgenössisches Haiku"] der Fall ist). Oder ob, wie bei der Zwillingsschwester des Haiku, dem *senryū* (川 柳)[31], welches formell vollkommen identisch mit dem Haiku ist, aber vorrangig humoristisch oder satirisch angelegt ist, ein Haiku ebenfalls Alltagsszenen thematisieren kann.

Das alles hat mich lange Zeit intensiv beschäftigt, aber stets begleitete mich dabei Ratlosigkeit. Aber es ist wohl das, was unaussprechlich ist, was einen unmittelbar in Momentaufnahmen des durchlebten Lebens berührt, erschüttert, magisch in seinen Bann zieht, was den lyrischen Zauber eines Haiku ausmacht. Die Annäherung an das Haiku, das „Zum-Haiku-Werden", „Einswerden mit dem Haiku-Moment" – wie soll und wie kann es ausgedrückt werden, das Unaussprechliche?

---

[31] Coudenhove-Kalergi (1966) erläutert die Gattung *senryū* (川柳). Siehe 4.1.4.

Zwischen den Dingen –

Blitzt es auf für Ewigkeiten:

Sprengt alle Ketten

Das Unaussprechliche sucht sich ein Medium, so
scheint es, das Medium des Haiku:

Auf engstem Raume

Der Kosmos aller Träume

Befreit im Haiku

4.

ANHANG

4.1 Haiku (俳 句) und *senryū* (川 柳): eine kurze Entstehungsgeschichte

In diesem Abschnitt 4.1 wird aus geschichtlicher Perspektive kurz geschildert, wie die lyrischen Gattungen dieses vorliegenden Werkes, nämlich das Haiku und das *senryū* (川 柳), in der japanischen Literatur entstanden sind. Das Ziel ist, dem Leser einen kurzen Überblick zu verschaffen: *waka* (和歌) ⇒ *tanka* (短歌) ⇒ *renga* (連歌) ⇒ *haikai* (俳諧 / 誹諧) ⇒ Haiku (俳句) und *senryū* (川柳).

4.1.1 *Waka* (和歌) und *tanka* (短歌)

In der Heian-Zeit (平 安 時 代 *heian-jidai*: 794– 1185) entstand zuerst der Begriff *waka* (和 歌 : wtl. „Japanisches Lied") im Gegensatz zum *kanshi* (漢詩 : wtl. „Chinesisches Gedicht"). Diese Gattung umfasste verschiedene Stile, die sich in der Anzahl der Verse und Strophen sowie deren Moren-Strukturen unterscheiden, wie z. B. *tanka* (短 歌 : wtl. „kurzes Lied"), *chōka* (長歌 : wtl. „langes Lied"), *sedōka* (旋頭歌 : wtl. „kreisendes Kopf-Lied") und *bussokusekika* (仏足石歌 : wtl. „Buddhas Fußabdruck-Lied"). Im heutigen Gebrauch bezieht sich der Begriff *waka* (和歌) im engeren Sinne ausschließlich auf das *tanka* (短歌).

Das *tanka* (短歌) hat zwei Grundbausteine: einen fünf-morigen und einen sieben-morigen Vers. Dieses Genre besteht aus sieben Versen, welche in die erste und die letzte Strophe unterteilt werden können. Die erste hat die Anreihungsstruktur von einem fünf-, einem sieben- und einem fünf-morigen Vers: < 5-7-5 >. Die letztere besteht aus zwei Versen, die jeweils sieben-morig sind: < 7-7 >. Die Gesamtmorenstruktur vom *tanka* (短歌) ist daher < 5-7-5-7-7 > mit insgesamt 31 Moren.

Im *chōka* (長歌) werden drei oder mehr 5-7-morige Strophen aneinandergereiht, die schließlich mit einem 7-morigen Vers enden: < 5-7-5-7-5-7- ... 7 >. Das *sedōka* (旋頭歌 : wtl. „kreisendes Kopf-Lied") besteht aus zwei Strophen, welche jeweils dieselbe Morenstruktur von < 5-7-7 > aufweisen, sodass die 38-morige Vers-struktur von < 5-7-7> < 5-7-7 > entsteht. Der „Kopf (頭 *atama*)" bedeutet hier „Anfang" und „kreisen (旋 *meguru*)" besagt „wiederholen".

Das letzte *bussokusekika* (仏 足 石 歌) ist ein Lobgedicht zu Ehren eines Gedenksteines mit Buddha-fußspuren und weist ebenfalls 38 Moren mit der Versan-reihung von < 5-7-5-7-7-7 > auf.

4.1.2 *Renga* (連歌)

Aus dem *tanka* (短歌) entstand in der Kamakura-Zeit (鎌倉時代 *kamakura-jidai*: 1185–1333) das *renga* (連歌 : wtl. „Ketten-Lied"), bei dem ein Gedicht spielerisch von mehreren Personen vorgetragen wurde, indem der erste Teilnehmer die erste 5-7-5-morige Strophe und der zweite/nächste Teilnehmer die mit der ersten Strophe sinngemäß im Zusammenhang stehende 7-7-morige Strophe vortrug; diese Kombination wurde mehrmals wiederholt, wobei die einzelnen Strophen wie beim „Staffellauf" wortspielerisch im Zusammenhang stehen mussten. In der Nanbokuchō- (南北朝時代 *nanbokuchō-jidai*: 1336–1392) und Muromachi-Zeit (室町時代 *muro-machi-jidai*: 1392–1573) perfektionierte man diese Gattung. In der Edo-Zeit (江戸時代 *edo-jidai*: 1603–1867) wurden in der Regel hundert Strophen gemeinsam von mehreren Personen vorgetragen, und dies wurde *hyakuin-renga* (百韻連歌 : wtl. „Hundert-Strophen-*renga*") genannt. Ab der Mitte der Edo-Zeit (江戸時代 *edo-jidai*: 1603–1867) war das *renga* (連歌 : wtl. „Ketten-Lied") mit 36 Strophen vorherrschend, welches *kasen-renga* (歌仙連歌 : wtl. „*renga* der großen japanischen Dichter") genannt wurde.

4.1.3 *Haikai* (俳諧 / 誹諧) und Haiku (俳句)

Ende der Muromachi-Zeit (室町時代 *muromachi-jidai*: 1392–1573) entstand aus dem *renga* (連歌) das *haikai-renga* (俳諧連歌 / 誹諧連歌 : wtl. „Scherz-*renga*") bzw. *haikai no renga* (俳諧の連歌 / 誹諧の連歌 : wtl. „Scherz-*renga*"), welches abgekürzt nur *haikai* (俳諧 / 誹諧) genannt wurde. Der Ausdruck *haikai* (俳諧 / 誹諧) als Nomen bedeutet: Scherz, Spaß, Humor, Spiel, Albernheit und Dummheit. Wie der Name dieser Gattung bereits andeutet, spielten thematisch die Komik und der Humor eine zentrale Rolle, während die Moren- und Versstrukturen des *renga* (連歌) – < 5-7-5 > < 7-7 > – beibehalten wurden. Durch den spielerischen Charakter dieses Stils verbreitete sich das *haikai* (俳諧 / 誹諧) in der Bevölkerung. Das *haikai* (俳諧 / 誹諧) als ein literarisches Genre etablierte sich in der Edo-Zeit (江戸時代 *edo-jidai*: 1603–1867) jedoch erst durch den *haikai*-Dichter Matsunaga Teitoku (松永貞徳 : 1571–1653), der seine eigene Schule, nämlich die „Teimon (貞門)", gründete. Der *renga*- und *haikai*-Dichter Nishiyama Sōin (西山宗因 : 1605–1682) gründete ebenfalls seine Schule, „Danrin (談林)". Im Laufe der Zeit änderten sich stilistisch und inhaltlich die beiden Schulen. Schließlich vervollständigte Matsuo Bashō (松尾芭蕉 : 1644–1694; s. Glossar) den *haikai*-Stil als eine eigenständige Gattung mit inhaltlichem Schwerpunkt auf *yūgen* (幽玄 : Tiefgründigkeit) und *kanjaku* (閑寂 : Verlassenheit und Stille).

Der Begriff Haiku (俳句) erschien zwar in der ersten Hälfte der Edo-Zeit (江戸時代 *edo-jidai*: 1603–1867), aber er wurde im Sinne von *haikai no ku* (俳諧の句 / 誹諧の句 : wtl. „eine Strophe in der *haikai*-Dichtung") verwendet. Gemeint war die erste Strophe der *haikai*-Versstruktur < 5-7-5 > < 7-7 >, nämlich *hokku* (発句 : wtl. „Start-Strophe"), deren Verbreitung zur Entstehung des Haiku (俳句) führte. Das Haiku (俳句) als eine anerkannt eigenständige Gattung mit der Versstruktur von 5-7-5-Moren begann erst mit dem Dichter Masaoka Shiki (正岡子規 : 1867–1902) in der Meiji-Zeit (明治時代 *meiji-jidai*: 1868–1912).

In der Taishō-Zeit (大正時代 *taishō-jidai*: 1912–1926) entwickelte Ogiwara Seisensui (荻原井泉水 : 1884–1976) ein neuartiges Haiku (俳句); er hob insgesamt eine freiere Form der Haiku-Dichtung hervor und vertrat sogar die Meinung, dass im Haiku auf *kigo* (季語) verzichtet werden könne (Akiyama und Miyoshi 2014: 219). Die freiere Form der Haiku-Dichtung wird bis zum heutigen Tage im zeitgenössischen Haiku (現代俳句 *gendai-haiku*; s. Glossar) fortgeführt.

Das Haiku (俳句) erfreut sich auch gegenwärtig in Japan einer großen Popularität. Poeten dieses Genres stammen bis zum heutigen Tage aus allen Bevölkerungsschichten, darunter viele Unbekannte, wodurch sich die anhaltende Faszination des Haiku (俳句) in Japan und darüber hinaus weltweit erklären lässt.

4.1.4 *Senryū* (川柳)

Im Gegensatz zur traditionellen *haikai*-Dichtung entstand Mitte der Edo-Zeit (江戸時代 *edo-jidai*: 1603–1867) das Genre *zappai* (雑俳 : wtl. „vermischtes *haikai*"), das thematisch und formlich verschiedenste Formen annahm, wobei die Grundstrukturen von 5-morigen und 7-morigen Versen beibehalten wurden. Beim *zappai* (雑俳 : „vermischtes *haikai*") wurde jedoch das spielerische Element in den Vordergrund gestellt. Hierzu gehören einige Gattungen wie z. B.: ① das *maekuzuke* (前句付け : das „Hinzufügen der vorderen Strophe < 5-7-5 > an die darauffolgende Strophe < 7-7 >"); ② das *kanmurizuke* (冠付け : das „Hinzufügen der mittleren und letteren Strophen an die Krone [=Anfangsstrophe]"); ③ das *oriku* (折句 : wtl. „Abbrechstrophe"), bei dem die Anfangsmoren aller

Verse, nämlich < 5 > - < 7 > - < 5 > - < 7 > - < 7 >, am Ende einen fünf-morigen sinntragenden Begriff bilden mussten (s. das Beispiel in Fußnote 32[32]); und zuletzt ④ das *senryū* (川柳).

   Das *maekuzuke* (前 句 付 け) wurde in der Genroku-Ära (元 禄 時 代 *genroku-jidai*: 1688–1704) in der Bevölkerung verbreitet und war eine Art Wortspiel, an dem mehrere Personen teilnahmen. Bei dieser Gattung wurde zuerst als Thema des Gedichtes die hintere < 7-7 >-Strophe vorgegeben, und daraufhin wurde die vordere < 5-7-5 >-Strophe hinzugedichtet. In der Edo-Zeit (江戸時代 *edo-jidai*: 1603–1867) gab es Wettbewerbe dieser Gattung und Karai Senryū (柄井川柳: 1718–1790) war ein bekannter Juror bei vielen Wettbewerben der *maekuzuke*-Dichtung. Er veröffentlichte 1765 die erste Auflage des *Haifū Yanagidaru* (誹風柳多留), der Anthologie-Serie des *maeku-*

---

32 Neben dem *oriku* (折句) mit 5 Schriftzeichen gab es auch das *sanji-ori* (三 字 折 リ : wtl. „Drei-Schriftzeichen-Abbrechen"), welches aus den Anfangsmoren der ersten 5-, 7- und 5-Verse gebildet wurde, oder auch das *niji-ori* (二字 折リ : wtl. „Zwei-Schriftzeichen-Abbrechen"), bei dem die Anfangsmoren der zweiten < 7-7 >- Strophe entnommen wurden. Rein theoretisch könnte man aus dem Frosch-Haiku von Bashō (芭蕉: s. 3.2) – ***Hu(=Fu)**ruike ya* | ***kaha**(=wa)**dzu**(=zu) tobikomu* | ***mizu** no oto* (ふるいけや | かはづとびこむ | みず のおと / 古池や蛙飛び込む水の音) – das Wort *hukami* (深み: Tiefe) gewinnen; ob jedoch Bashō (芭蕉) dies im Sinn hatte oder nicht, mag dahingestellt sein.

156

zuke (前句付け), wobei nur die ersten 5-7-5-morigen Strophen ausgewählt wurden. Er war bis zur 24. Auflage der Herausgeber dieser Serie. Dies veranlasste die Entstehung des *senryū* (川柳) als eine eigenständige Gattung, jedoch die Bezeichnung dieser Gattung wurde erst in der Meiji-Zeit (明治時代 *meiji-jidai*: 1868–1912) im Andenken an Karai Senryū (柄井川柳 : 1718–1790) vergeben (Akiyama und Miyoshi 2014: 123).

4.2 Hauptunterschiede zwischen Haiku (俳句) und *senryū* (川柳)

Sowohl das Haiku (俳句) als auch das *senryū* (川柳) entstanden Mitte der Edo-Zeit (江戸時代 *edo-jidai*: 1603–1867) und zwar aus dem Genre *haikai* (俳諧 / 誹諧 : s. 4.1.3). Für das Erstere hat Matsuo Bashō (松尾芭蕉 : 1644–1694) und für das Letztere Kobayashi Issa (小林一茶 : 1763–1827) dazu beigetragen, dass es zur Entstehung eigenständiger Genres kam. Allerdings liegen zwischen den beiden Genres ca. 100 Jahre. Sie haben dessen ungeachtet dieselbe 5-7-5-morige Strophenstruktur, aber es gibt dennoch einige markante Unterschiede zwischen den beiden.

Das traditionelle Haiku (俳句) verlangt die Verwendung des *kigo* (季語 : wtl. „Jahreszeitenwort"), das *senryū* (川柳) nicht. Thematisch behandelt das Haiku (俳句) die Natur und die naturrelevanten Themen wie z. B. Jahreszeiten, die Themen beim *senryū* (川柳) haben vielfach den Schwerpunkt Alltag, Menschen, Sitten und Gesellschaft. Ferner spielt beim *senryū*

(川 柳) die Komik in Form von Humor, Satire und Witzen eine zentrale Rolle. Sprachlich wurde früher das klassische Japanisch für das Haiku (俳 句), hingegen die Umgangsprache für das *senryū* (川 柳) verwendet.[33]

(Der Anhang wurde von Noriko Katsuki-Pestemer erstellt.)

---

[33] Viele zeitgenössische Haiku (現代俳句 *gendai*-Haiku) verwenden die moderne japanische Standardsprache, aber auch Umgangssprache und sogar Dialekte. Auch die Themenauswahl ist vielfältiger geworden (s. Glossar).

GLOSSAR

Die für das Glossar verwendeten Fachlexika sind haupt-sächlich: Azumi (1980), Iida (1985: 275–289), Uda und Kuroda (2011), Mizuhara (1990), Natsuishi (1990) und Ueda (1976: ix–xxxxvi); sonstige Quellen werden in den Erläuterungen angegeben.

gendai-**Haiku** (現 代 俳 句 : wtl. „zeitgenössisches Haiku"): Hierzu gehören der Form nach sowohl die traditionelle als auch die freie Haiku-Dichtung. Die Letztere bindet sich nicht unbedingt an Regeln wie z. B. die Verwendung von *kigo* (季語 : wtl. „Jahreszeitenwort") und *kireji* (切れ字 : wtl. „Schneidewort"). Die Themen beziehen sich in der Regel auf die Natur, jedoch gibt es ebenfalls Haiku (俳 句), die auf einen Naturbezug verzichten. Die verwendeten Vokabeln sind in vielen Fällen aus dem modernen Japanisch einschließlich Fremdwörter aus europäischen Sprachen, wie z. B. Halloween (ハ ロ ウ ィ ー ン *harowīn*) im Jahreszeiten-lexikon von Tsuji und Abe (2016: 67), entnommen. Es gibt auch solche Haiku (俳 句), die nicht strikt an der 5-7-5-morigen Strophe festhalten.

haikai (俳諧 / 誹諧): siehe 4.1.3.

haiku (俳句): siehe 4.1.3.

kigo (季 語 : wtl. „Jahreszeitenwort"): Begriffe, die

in den japanischen lyrischen Gattungen wie z. B. *renga* (連歌 : s. 4.1.2), *haikai* (俳諧 / 誹諧 : s. 4.1.3) und Haiku (俳句 : s. 4.1.3) verwendet werden. *Kigo* (季語) können basierend auf Yoshioka (2000: 64) nach zwei Hauptkriterien, nämlich Jahreszeiten und Themen, klassifiziert werden. Die erste Klassifizierung enthält fünf Jahreszeiten: Frühling, Sommer, Herbst, Winter und Neujahr. Die zweite beinhaltet neun verschiedene Themen: Klima; Wetter; Astronomie (Himmelskörper); Geographie; Leben (Jahresfeste, Kleidung, Landwirtschaft, Unterhaltung und Wohnung); Nahrungsmittel; Pflanzen (Bäume, Blumen, landwirtschaftliche Produkte, Pilze und Seetang); Religion (Buddhismus, Christentum, Shintoismus und Unglückstage); Tiere (Vierbeiner, Vögel, Fische und Insekten).

Die umfassende sowie grundlegende Bedeutung des *kigo* (季語) in der japanischen Lyrik einschließlich des Haiku (俳句) reifte seit der Entstehung des *renga* (連歌: s. 4.1.2) in der Kamakura-Zeit (鎌倉時代 *kamakura-jidai*: 1185–1333) in einem langen Prozess heran. Folglich stieg die Anzahl der *kigo* (季 語) kontinuierlich an. Im Jahre 1648 listete z. B. der Dichter Kitamura Kigin (北 村季吟 : 1624–1705) in seinem Werk *Yama no I* (山之井 : entstand 1647) 1.032 *kigo* (季語) auf (Uda 1933: 61– 75, zitiert in Jambor und Aoki [2009: 43]). Im *kigo*-Lexikon von Tsuji und Abe (2016) werden über 7.000 *kigo* (季語) präsentiert.

Der Dichter Masaoka Shiki (正 岡 子 規 : 1867– 1902) schreibt in seinem Werk *Haikai Taiyō* (俳 諧 大 要 : wlt. „Abriss der *haikai*-Dichtung"; entstand 1927), jahreszeitliche Themen[34] sollten für die Jahreszeiten typische Assoziationen erwecken und nur mit diesen Assoziationen würde es ermöglicht, in der Welt der siebzehn Schriftzeichen unendlich ausstrahlende Stimmungen zu erzeugen (Masaoka 1927: 11). Der Dichter Takahama Kyoshi (高浜虚子 : 1874–1959), ein Schüler von Masaoka Shiki (正 岡 子 規), schreibt in seinem Werk *Tofutsu Nikki* (渡仏日記 : wtl. „Tagebuch der Reise nach Frankreich"; entstand 1936), der Sinn der Haiku-Dichtung liege darin, die inneren Gefühle durch den Ausdruck jahreszeitlicher Phänomene dar-zustellen (Takahama 1936: 475–476). Kurzum: *Kigo* (季語) weisen auf Jahreszeiten hin und rufen dadurch bestimmte Assoziationen hervor, da diese mit dem Alltag der Menschen eng verbunden sind; dadurch werden bestimmte Empfindungen, Gefühle oder Stimmungen hervorgerufen, welche ein Gedicht umhüllen und es in seiner Gänze Schwingungen auf den Betrachter aus-strahlen und wirken lassen.

Beim *renga* (連歌 : s. 4.1.2) war die Verwendung von *kigo* (季語) unabdingbar; beim *haikai* (俳諧 / 誹 諧 : s. 4.1.3) nahm die Wichtigkeit des *kigo* (季 語) zu. Bei den traditionellen Haiku (俳 句 : s. 4.1.3) war/ ist die Verwendung von *kigo* (季 語) ebenfalls eine unverzichtbare Voraussetzung, jedoch nicht bei den vielfältigen freieren Formen der gegenwärtigen Haiku-Dichtung.

---

34 Masaoka verwendet den Ausdruck *daimoku* (題 目 : Thema) im Sinne von *kigo* (季語 : wtl. „Jahreszeitenwort").

kireji (切れ字 : wtl. „Schneidewort"): Der Ausdruck *kire* (切 れ) stammt vom Verb *kiru* (切 る : schneiden, beenden) ab und *ji* (字) bedeutet „Schriftzeichen". Daraus entsteht die Bedeutung, dass es sich um Wörter handelt, die ein Ende (einer Strophe bzw. eines Gedichtes) markieren. In diesem Sinne verdeutlicht das *kireji* (切れ 字) die rhythmischen Einheiten. Am häufigsten erscheinen folgende *kireji* (切れ字): *ka* (か), *kana* (かな), *keri* (け り), *moga* (もが), *na* (な), *nari* (なり), *ya* (や) und *zo* (ぞ). Diese klassischen japanischen lexikalischen Einheiten werden in der japanischen Grammatik den Postpositionen (z. B. *ya*, *ka*, *na* und *zo*) und Hilfsverben (z. B. *keri* und *nari*) zugeordnet. Semantisch drücken sie Ergriffenheit, Bewunderung oder sonstige gefühlsmäßige Steigerung aus. Auf diese Weise erzeugt das *kireji* (切れ字) eine nachhaltig wirkende Empfindung. Die durch das *kireji* (切れ字) hervorgehobenen Verse und Strophen im Gedicht wie z. B. im Haiku (俳 句) werden emotional betont ausgedrückt. Das *kireji* (切れ 字) hat somit vorwiegend drei Funktionen: Betonung, Aufrechterhaltung des Rhythmus der Verse sowie Strophen und zuletzt Erzeugung der nachhaltigen Empfindung. Kurzum: Mit dem *kireji* (切れ字) wird etwas beendet, wobei gleichzeitig auf etwas anderes, daraus Entstehendes verwiesen wird.

Kobayashi Issa (小 林 一 茶 : 1763–1827): *Haikai-*Dichter in der zweiten Hälfte der Edo-Zeit (江戸時代 *edo-jidai*: 1603–1867), geboren als Bauernsohn in der heutigen Nagano-Präfektur (長野県 *nagano-ken*). Issa

(一 茶) ist sein Künstlername und sein tatsächlicher Vorname lautet Yatarō (弥 太 郎). Seine Mutter starb, als er drei Jahre alt war (Shimada 1925: 1; Tsukamatsu 1922: 52). Nachdem sein Vater 1770 wieder heiratete, musste er tagtäglich Schikanen seiner Stiefmutter ertragen (Tsukamatsu 1922: 52–55) und wurde im Alter von 14 nach Edo (江戸 : heutiges Tokyo [東京]) geschickt, um sich dort als Arbeitskraft zu verdingen (Tsukamatsu 1922: 60; Ogiwara 1926: 1). Er erlernte die *haikai*-Dichtung bei verschiedenen Meistern wie z. B. Nirokuan Chikua (二六庵竹阿 : 1710–1790). Im Alter von 29 Jahren kehrte er nach Hause zurück, bereiste indes zwischen dem 30. bis 36. Lebensjahr West- und Süd-Japan. Im Alter von 39 kehrte er erneut nach Hause und pflegte seinen kranken Vater. Er verheiratete sich erst im Alter von 52 Jahren, jedoch alle seine vier Kinder aus der ersten Ehe, drei Söhne und eine Tochter, verstarben, bevor sie das zweite Lebensjahr erblickt hatten. Auch seine Frau verstarb im Alter von 37 Jahren (Kobayashi 2004: 249). Im Alter von 65 verstarb er, und nach seinem Tod wurde eine weitere Tochter aus seiner dritten Ehe geboren, deren Geburt er nicht mehr erlebte (Shimada 1925: 3).

Sprachlich verwendet Issa (一茶) viele umgangssprachliche Ausdrücke sowie Dialekte, wie z. B. *dotsukomo* (ど つ こ も : überall) in dem Haiku von den Wildgänsen (Nakada 2016: 149) (s. S. 3). Seine bekanntesten Werke sind das Tagebuch *Shichiban Nikki* (七番日記), eine Gedichtssammlung während der Zeit von 1810 bis 1818; *Ora ga Haru* (おらが春 : wtl. „Mein Frühling"; veröffentlicht 1852 nach seinem Tod), Aufzeichnungen seiner Gedanken, Erfahrungen und Gedichte, die er im Jahre 1819 niederschrieb; und *Chichi no Shūen Nikki* (父の終焉日記 : wtl. „Tagebuch zum Lebensende meines Vaters"; entstand 1801), ein Tagebuch, welches die letzten Tage seines Vaters sowie den Erbschaftsstreit in seiner Familie beschrieb.

Masaoka Shiki (正岡子規 : 1867–1902): Dichter (*waka*, *haikai* sowie neue Lyrik), geboren in der Ehime-Präfektur (愛媛県 *ehime-ken*). Er fing 1890 mit dem Studium der Philosophie an der Universität Tokyo an, wechselte im darauffolgenden Jahr zur Literaturwissenschaft und verließ allerdings 1893 die Universität. Intensiv beschäftigte er sich mit der Historie der japanischen *haikai*-Dichtung (俳諧 / 誹諧), wobei er eine Wiederbelebung und Erneuerung sowohl des Haiku (俳　句) als auch des *tanka* (短歌) anstrebte. Shiki (子規) verstarb schon im Alter von 34 Jahren an Tuberkulose.

Matsuo Bashō (松尾芭蕉 : 1644–1694): *Haikai*-Dichter in der ersten Hälfte der Edo-Zeit (江戸時代 : 1603–1867). Er wurde in der Provinz Kaga (加賀 : die heutige Präfektur Mie [三重県 *mie-ken*]) geboren und wurde dort als Schüler von Tōdō Sengin (藤堂蝉吟 : 1642–1666) in die Dichtkunst eingeführt. Später schloss er sich dann der Teimon-Schule (貞門派 : *teimon-ha*) in Kyoto (京都) an, bei der das *haikai* (俳諧 / 誹諧) nicht so hoch geschätzt wurde wie das *waka* (和歌) und das *renga* (連

歌) (Akiyama und Miyoshi 2014: 118). Danach vertiefte er seine dichterischen Fähigkeiten bei Kitamura Kigin (北村季吟 : 1624–1705). Anschließend wurde er in Edo (江戸 : heutiges Tokyo) von der Danrin-Schule (談 林 風 *danrin-fū*) der *haikai*-Dichtung beeinflusst. Diese Schule zeichnete sich durch inhaltliche Originalität und freie Ausdrucksformen aus. Letztendlich schuf er dann nach Verlassen der Danrin-Schule (談 林 風 *danrin-fū*) in der Ten'na-Ära (天 和 時 代 *ten'na-jidai*: 1681–1684) endgültig seinen eigenen Haiku-Stil, welcher *shōfū* (蕉風 : „Haiku-Stil nach Bashō") genannt wurde (Satō 2006: 315).

Auf seinen unzähligen Reisen verfasste er eine große Anzahl von *haikai*-Gedichten und Reisebeschreibungen. 1694 verstarb er im Alter von 50 während eines Besuchs in Osaka. Viele Gedichte von Bashō (芭蕉) wurden im Werk *Haikai Shichibu-shū* (俳諧七 部 集 : wtl. „Siebenteilige *haikai*-Sammlung"; entstand 1732) aufgenommen, das von Sakuma Nagatoshi (佐 久 間 長 利 : 1686–1748) herausgegeben wurde. Unter den Reisebeschreibungen sind die Werke wie das *Nozarashi Kikō* (野ざらし紀行 : wtl. „Wind-und-Wetter-ausgesetzt-Reisebericht"; Zeitraum: 1685–1687), das *Oi no Kobumi* (笈 の 小文 : wtl. „Skizzen im Tragkorb"; entstand 1709), das *Sarashina Kikō* (更科紀行 : „Reisebericht von Sarashina [Ort in Nagano]"; Zeitraum: 1688–1689) und das *Oku no Hosomichi* (奥 の 細 道 : wtl. „In der Tiefe des schmalen Weges"; entstand 1702) berühmt geworden. Im Genre „Tagebuch" erlangte das *Saga Nikki* (嵯峨日記 : wtl. „Tagebuch von Saga [Ort in Kyoto]"; entstand 1753) große Bekanntheit.

More (auch Mora): Eine phonologische Einheit der Laute, wobei alle Moren ungefähr die gleiche Lautlänge aufweisen. Der Name des japanischen Haiku-Dichters Issa (一茶 [i?sɑ]) hat z. B. drei Moren: [i], [?] und [sɑ]. Jedes *kana*-Schriftzeichen des Japanischen, d. h. Hiragana (ひらがな) und Katakana (カタカナ), wird als eine Mora/More gezählt; Issa (一　茶) wird dementsprechend mit drei Hiragana-Schriftzeichen geschrieben: いっさ . Im Vergleich dazu ist dieser Name nach dem Silben-System zweisilbig: [i?] und [sɑ].

senryū (川柳): s. 4.1.4.

Yosa Buson (与謝蕪村 :1716–1783): Haiku-Dichter und Maler zur Mitte der Edo-Zeit (江戸時代 *edo-jidai*: 1603–1867). Seine Haiku waren romantisch und malerisch eingefärbt. Yosa Buson (与謝蕪村) beteiligte sich an der literarischen Bewegung, welche *chūkō-haikai* (中興俳諧 : wtl. „Wiederbelebung des *haikai*") genannt wurde, nämlich an der Wiederbelebung des Bashō-Haiku-Stils. Dies mündete in der Schaffung eines neuartigen, gefühlsbetonten Haiku-Stils mit erfrischenden und romantischen Inhalten, der somit entscheidend zum Zeitpunkt, als Japan in der Meiji-Zeit (明治時代 *meiji-jidai*: 1868–1912) in die Moderne eintrat, den Haiku-Dichter Masaoka Shiki (正岡子規 : 1867–1902) beeinflusste.

(Das Glossar wurde von Noriko Katsuki-Pestemer erstellt.)

LITERATURVERZEICHNIS

Japanischsprachige Artikel und Monographien wurden als Transliteration sowie im Original angegeben.

Monographien und Artikel

Akiyama, Ken; Miyoshi, Yukio (Hrsg.) (2014). *Genshoku Shiguma Shin-Nihon Bungaku-shi*. 18. Auflage. Tokyo: Bun'eidō.
秋山虔・三好行雄『原色シグマ　新日本文学史』文英堂 2014年.

Azumi, Atsuhi et al. (Hrsg.) (1980). *Gendai Haiku Daijiten*. Tokyo: Meiji-shoin.
安住敦編『現代俳句大事典』明治書院 1980年.

Balmes, Hans Jürgen (Hrsg.) (2016). *Haiku* 俳句. Berlin: Fischer Taschenbuch Verlag.

Buerschaper, Margret (2003). „Das Jahreszeitenwort im Deutschen Haiku". In: *VJS (Vierteljahreszeitschrift – Deutsche Haikugesellschaft)* 16, Jg. Nr. 60, März 2003. PDF: https://www.deutschehaikugesellscha ft.de/files_doc/59-Buerschaper.pdf (Zugriff: 18.02. 2020)

Coudenhove-Kalergi, Gerolf (1966). *Senryu: Japanische Lebensart, Heiterkeit und Besinnlichkeit im Gedicht*. Schwerzenbach: Die Waage.

Dögl, Karin (2011). *Das zeitgenössische deutschsprachige Haiku – Imitation oder eigenständige Dichtung? Analyse eines Kulturtransfers*. Universität Wien.

PDF: http://othes.univie.ac.at/13981/ (Zugriff: 18.02. 2020)

Hoover, Thomas (1978). *Die Kultur des Zen.* 3. Auflage. Köln: Eugen Diederichs Verlag. 214–227. Übersetzung des Originals *Zen Culture* (1977) von Frank Meyer.

Hürter, Claudia (2012). „Die Haiku-Sammlung ‚Pflaumenblüten im Schaltmond' (Urū no ume, 1727)". In: *Japonica Humboldtiana* 15 (2012). Wiesbaden: Harrassowitz Verlag. 29–54. PDF (2014): https://edoc.hu-berlin.de/handle/18452/282 (Zugriff: 07.10. 2019)

Iida, Ryūta (1985). *Gendai Haiku Annai.* Tokyo: Rippūshobō.
飯田竜太『現代俳句案内』立風書房 1985 年.

Jambor, Kinuko; Aoki, Yōji (2009). „Transition of Season Words, Kigo, for Plants in Haiku from the Edo Era to the Present". In: Aoki, Yōji; Miyashita, Emiko (Hrsg.) (2009): *Report of Plant Kigo (Season Words) for Haiku. Results on the Investigation into Season Words for Plants in Haiku of the World. Research Report from the National Institute for Environmental Studies, Japan* No. 201. 39–54. PDF: https://www.nies.go.jp/kanko/kenkyu/pdf/r-201-2009.pdf (Zugriff: 20.02.2020)
ジャンボール絹子・青木陽二「俳句を通して人々に親しまれた植物の変遷」青木陽二・宮下惠美子編『俳句における環境植物の調査報告 －世界植物季語調査の結果－』国立環境研究所研究報告 第 201 号. 2009 年 39-54 頁.

Jentzmik, Peter (1997). *Zum Rand der Erde / Zen in der Kunst des Haiku*. Limburg: Glaukos Verlag.

Kitamura, Kigin (1648). *Yama no I*. Der Ort und der Verlag sind unbekannt.

北村季吟『山之井』出版地、出版社不明 1648年.

Kobayashi, Masafumi (2004). *Issa to On'na-tachi – Kobayashi Issa o Rikaisuru 231-ku*. Tokyo: Miwa-shoseki.

小林雅文『一茶と女性たち ― 小林一茶を理解する 231句』三和三書籍 2004年.

Kohl, Christian Thomas (2015). *Buddhismus und Quantenphysik – Schlussfolgerungen über die Wirklichkeit*. 4. Auflage. Aitrang: Windpferd Verlag.

Masaoka, Shiki (1927). *Haikai Taiyō*. 9. Auflage. Tokyo: Yūzendō.

正岡子規『俳諧大要』第9版 友善堂 1927年.

Mizuhara, Shūōshi (Hrsg.) (1990). *Haiku Kanshō Jiten*. 22. Auflage. Tokyo: Tōkyōdō Shuppan.

水原秋櫻子編『俳句鑑賞辞典』第22版 東京堂出版 1990年.

Mouritsen, Ole G. (2011). *Sushi – Für Wiss- und Bissbegierige*. Heidelberg: Springer Spektrum.

Nakada, Masatoshi (2016). *Kobayashi Issa no Shōgai to Haikai-ron Kenkyū*. Tulips Universitiy of Tsukuba Repository. PDF. https://dl.ndl.go.jp/info:ndljp/pid/10959040 (Zugriff: 18.02.2020)

中田雅敏『小林一茶の生涯と誹諧論研究』つくばリポジトリ 2016年.

Natsuishi, Ban'ya (1990). *Gendai Haiku Kīwādo Jiten*. Tokyo: Rippū-shobō.

夏石番矢『現代俳句キーワード辞典』立風書房 1990年.

Natsuishi, Ban'ya; World Haiku Association (Hrsg.) (2019). *World Haiku 2019* No. 15. Tokyo: Coal Sack Publishing Company.

夏石番矢・世界俳句協会編『World Haiku 世界俳句』第 15 号　コールサック社　2019 年.

Ogiwara, Seisensui (Hrsg.) (1926). *Shichiban Nikki-shō 2*. Tokyo: Shun'yōdō.

荻原井泉水編『七番日記抄　下』春陽堂 1926 年.

Okamoto, Hitomi (1990). *Gendai-Haiku Nyūmon: Tsukurikata to Jōtatsuhō*. Tokyo: Ie-no-hikari Kyōkai.

岡本晬『現代俳句入門　作り方と上達法』家の光協会 1990 年.

Sakanishi, Hachirō (Hrsg.) (1981). *Issa Kobayashi HAIKU*. Berlin: Ostasien-Verlag.

Sato, Katsuaki (2006). *Bashō to Kyōto-haidan: Shōfū-taidō no Enpō・Ten'na-ki o kangaeru*. Tokyo: Yagi-shoten.

佐藤勝明『芭蕉と京都俳壇：蕉風胎動の延宝・天和期』八木書店 2006 年.

Schönbein, Martina (1994). „Zur Problematik der Kanonisierung der Jahreszeitenwörter (*kigo*)". In: *Asiatische Studien: Zeitschrift der Schweizerischen Asiengesellschaft*, Band 48. Heft 1: Referate des 9. deutschsprachigen Japanologentages in Zürich. 22–24.

Shimada, Seihō (Hrsg.) (1925). *Issa Senshû*. Tokyo: Shunjūsha.

島田青峰編『一茶選集』春秋社 1925 年.

Sonnek, Birgit (2011). *Dürr, Hans-Peter: Materie, Bewusstsein und Wirklichkeit QUANTENWELT*. PDF: http://schlüsseltexte-geist-und-gehirn.de/downloads/Quantenwelt.pdf (Zugriff: 18.02.2020)

Takahama, Kyoshi (1936). *Tofutsu Nikki*. Tokyo: Kaizōsha.

高浜虚子『渡仏日記』改造社 1936 年.

Tsuji, Momoko; Abe, Genki (2016). *Ichiban Wakariyasui Haiku-Saijiki*. Tokyo: Shufu no tomo-sha.

辻桃子・安部元気『いちばんわかりやすい俳句歳時記』主婦の友社 2016 年.

Tsukamatsu, Rokō (Hrsg.) (1922). *Chichi no Shūen Nikki: Issa Ikō*. Tokyo: Iwanami-shoten.

東松露香校訂『父の終焉日記：一茶遺稿』岩波書店 1922 年.

Uda, Kiyoko; Kuroda, Momoko (Hrsg.) (2011). *Gendai-Haiku no Kanshō-jiten*. Tokyo: Tōkyōdō-shuppan.

宇田喜代子・黒田杏子『現代俳句の鑑賞辞典』東京堂出版 2011 年.

Ueda, Makoto (Hrsg.) (1976). *Modern Japanese Haiku: An Anthology* 現代日本俳句選集 (*Gendai-Nihon Haiku-Senshū*). Toronto: University of Toronto Press.

Umesao, Tadao; Kindaichi, Haruhiko; Sakakura, Atsuyoshi; Hinohara, Shigeaki (Hrsg.) (1989). *Nihongo Daijiten*. Tokyo: Kōdansha.

梅棹忠夫・金田一春彦・阪倉篤義・日野原重明監修『日本語大辞典』講談社 1887 年.

Wenzel, Udo (2005). *Haiku am Scheideweg – Takahama Kyoshi und Kawahigashi Hekigotō*. URL: https://www. haiku-heute.de/archiv/wenzel-haiku-am-scheideweg/ (Zugriff: 20.02.2020)

— (2007). „Gendai-Haiku: Ein Einblick in das zeitgenössische japanische Haiku". In: Berner, Martin et al. (Hrsg.): *Richard Gilbert im Gespräch mit Udo Wenzel*. Frankfurt am Main: DHG (Deutsche Haiku-Gesellschaft e. V.).

18–29. PDF: https://www.haiku-heute.de/archiv/wenzel-gendai-haiku/ (Zugriff: 20.02.2020)

Wohlfart, Günter (1997). *Zen und Haiku*. Stuttgart: Reclam.

Yoshioka, Ryōei (2000). „Kigo Dētabēsu no Kōchiku to Haiku no Kigo no Jidōhantei no Kokoromi". In: Kokuritsu Kyōiku Kenkyūsho (2000): *Jinbun Kagaku to Konpyūta* 48-8. 57–64. PDF: https://www.nier.go.jp/yoshioka/haiku01.pdf

吉岡亮衛「季語データベースの構築と俳句の季語の自動判定の試み」国立教育研究所『人文科学とコンピュータ』48-8 号．2000 年 57–64 頁．

Internet-Quellen

Kokuritsu Kokkai Toshokan Dejitaru Korekushon（国立国会図書館デジタルコレクション / National Diet Library Digital Collections)

Kobayashi, Issa（小林一茶）. *Shichiban Nikki-shō*（七番日記抄 下）. https://dl.ndl.go.jp/info:ndljp/pid/977720 (Zugriff: 14.10.2019)

Masaoka, Shiki（正岡子規）. *Haikai Taiyō*（俳諧大要）. https://dl.ndl.go.jp/info:ndljp/pid/1145802 (Zugriff: 20.02.2020)

Shimada, Seihō（島田青峰）. *Issa Senshū*（一茶選集）. https://dl.ndl.go.jp/info:ndljp/pid/977663 (Zugriff: 20.02.2020).

Takahama, Kyoshi（高浜虚子）. *Tofutsu Nikki*（渡仏日記）. https://dl.ndl.go.jp/info:ndljp/pid/1256725 (Zugriff: 20.02.2020)

Tsukamatsu, Rokō (Hrsg.) (束 松 露 香). *Chichi no Shūen Nikki: Issa Ikō* (父 の 終 焉 日 記 ： 一 茶 遺 稿). https://dl.ndl.go.jp/info:ndljp/pid/968476/2 (Zugriff: 20.02.2020)

Kotenseki Sōgō Dētabēsu Waseda Daigaku (古 典 籍 総 合 デ ー タ ベ ー ス 早 稲 田 大 学 /Japanese & Chinese Classics Waseda University)

Kitamura, Kigin (北 村 季 吟). *Yama no I* (山 之 井). https://www.wul.waseda.ac.jp/kotenseki/html/he05/he05_02846_0001/index.html (Zugriff: 20.02.2020)

Siehe auch PDF-Veröffentlichungen im obigen Literatur-verzeichnis (Monographien und Artikel).

INDEX

184